새신자
무릎기도문

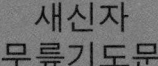

특별히 _____ 님께

이 소중한 책을 드립니다.

신자들의 종류

1. 달구지 신자 – 누가 밀어주어야만 전진하는 신자
2. 연 같은 신자 – 실을 붙들고 있지 않으면 소리도 없이
   사라지는 신자
3. 고양이 신자 – 늘 토닥거려 주어야 만족하는 신자
4. 풋볼 신자 – 어디로 튈지 알 수 없는 신자
5. 풍선 신자 – 잔뜩 부풀어 언제 터질지 알 수 없는 신자
6. 냄비 신자 – 쉽게 끓고 쉽게 식는 신자
7. 종이 신자 – 비만 오면 축 쳐져서 안나오는 신자
8. 벙어리 신자 – 기도만 시키면 말을 못하는 신자
9. 핸드폰 신자 – 예배중에 문자를 주고 받는 신자
10. 운동선수 신자 – 교회 체육 대회 때만 나오는 신자
11. 연애 신자 – 이성간 데이트 하기 위해 나오는 신자
12. 상업 신자 – 교인들을 대상으로 물건을 파는 신자
13. 시험관 신자 – 설교 시간에 점수 매기는 신자
14. 줄행랑 신자 – 축도 시간에 도망가는 신자
15. 칠면조 신자 – 교회올 때마다 바뀐 옷을 자랑하는 신자

16. 독창 신자 – 찬송을 할 때 혼자 목청 높이는 신자

17. 명예욕 신자 – 직분 받기 위해 얼굴 알리는 신자

18. 주차장 신자 – 교회 주차장에 주차키 위해 등록한 신자

19. 대표 신자 – 한 가정에 대표로 나오는 신자

20. 사후 신자 – 죽으면 교회 묘지 얻기 위해 나오는 신자

21. 나팔꽃 신자 – 주일 아침 예배만 나오는 신자

22. 묵상 신자 – 설교만 시작되면 고개 숙이고 조는 신자

23. 오뚜기 신자 – 넘어졌다가도 다시 벌떡 일어서는 신자

24. 예수 신자 – 예수님을 위해 사는 신자

*우리 모두 23,24번의 신자가 됩시다!

*인터넷 어느 게시판에 올라온 글

새신자를 위한 MEMO

먼저 교회를 잘 선택하여 출석하는 일은 매우 중요합니다.
히브리서 10장 25절에 보면 "모이는 일을 잘하라"고 권면
하고 있습니다. 다른 그리스도인들과의 교제를 갖기 위해서
는 반드시 교회 생활을 해야 합니다.
그리스도를 영화롭게 하고 하나님의 말씀을 올바로 전하는
교회에 바로 출석하여 목회자의 지도를 받으십시오.
그리고 다음의 일들을 기쁨으로 실천하면 됩니다.

1. 날마다 하나님과 대화인 기도를 하십시오.
   (요한복음 15장 7절).
2. 날마다 하나님의 말씀인 성경을 읽으십시오.
   (사도행전 17장 11절/요한복음 부터 읽으십시오).
3. 날마다 하나님께 순종하십시오.
   (요한복음 4장 14절).
4. 말과 행동으로 그리스도를 증거하십시오.
   (마태복음 4장 19절/요한복음 15장 8절).
5. 지극히 작은 일까지도 하나님께 맡기십시오.
   (베드로전서 5장 7절).

새신자

무릎 기도문

나침반

이 책의 사용방법

1️⃣ 원하는 날짜에 기도를 시작하십시오.
   기도문 한 문장 한 문장을 천천히 읽으면서 진심으로 마음을 다하여 기도하십시오.

2️⃣ 30일 동안 매일 적당한 시간을 내어 기도하십시오.

3️⃣ 5일이 지날 때마다 기도하고 싶은 내용을 직접 적으십시오. 스스로 기도할 수 있는 능력이 생길 것입니다.

4️⃣ 성경은 새신자가 쉽게 이해할 수 있도록 '표준새번역'을 사용하였습니다.

Contents _차례

1일
저를 불러 주셔서
감사합니다

하나님이 주신 사랑의 소중함을 아는 사람은
인생을 가장 아름답게 사는 사람입니다.

먼저 말씀을 묵상하십시오.

그러나 이제 야곱아, 너를 창조하신 주께서 말씀하신다. 이스라엘아, 너를 지으신 주께서 말씀하신다. "내가 너를 속량하였으니, 두려워하지 말아라. 내가 너를 지명하여 불렀으니, 너는 나의 것이다. 이사야 43:1

하나님께서는 우리를 사랑하셔서, 하나님 앞에서 거룩하고 흠이 없게 하시려고, 창세 전에 우리를 그리스도 안에서 택하여 주셨습니다. 그리고 하나님의 기뻐하시는 뜻대로, 예수 그리스도로 말미암아 우리를 하나님의 자녀로 예정하셔서, 하나님의 사랑하시는 아들 안에서 우리에게 거저 주신 하나님의 영광스러운 은혜를 찬미하게 하셨습니다. 에베소서 1:4-6

 다음 페이지의 기도문을 읽으면서 마음을 다해 기도하십시오.

하나님 아버지!

저는 지금까지 하나님에 대하여 깊이 생각하지 않고 지내왔습니다. 또한 하나님께서 가까이 계시면서 저를 지켜보시고 찾고 계셨다는 사실도 알지 못했습니다.

그런데 저를 불러주시고, 교회에도 다니게 해주시니 감사드립니다.

지금은 조금밖에 하나님을 알지 못하지만, 앞으로는 하나님이 부르실 때마다 서슴없이 "예"하고 대답하고 하나님께 더 가까이 다가가도록 노력하는 사람이 되겠습니다.

이제는 하나님을 더 열심히 알기 위해 노력하고, 교회도 잘 섬기고, 저의 믿음도 성장하기를 원합니다.

언제 어디서나 하나님을 의지하게 도와 주십시오.

날마다 하나님을 알아가게 도와주십시오.

그래서 하나님께서 나를 불러주신 목적도 잘 깨닫고 저의 인생의 목적도 하나님의 뜻과 같아서 오늘의 감격이 계속 이어져 가기를 간절히 원합니다.

다시 한 번 저를 불러주신 하나님께 감사드립니다.

예수님의 이름으로 기도합니다. 아멘!

2일
죄를 용서해 주셔서
감사합니다

하나님 아버지의 사랑의 깊이와 넓이를
우리는 다 헤아릴 수 없습니다.
하나님 아버지께 사랑을 고백하는
성숙한 사람이 되십시오.

먼저 말씀을 묵상하십시오.

예수께서 그 말을 듣고 그들에게 말씀하셨다. "건강한 사람에게는, 의사가 필요하지 않으나, 병든 사람에게는 필요하다. 나는 의인을 부르러 온 것이 아니라 죄인을 부르러 왔다."
마가복음 2:17

누가 누구에게 불평할 일이 있더라도, 서로 용납하여 주고, 서로 용서하여 주십시오. 주께서 여러분을 용서하신 것과 같이, 여러분도 서로 용서하십시오. 골로새서 3:13

주께서는, 주께서 계시는 곳인 하늘에서, 그들의 기도와 간구를 들으시고, 그들의 사정을 살펴보아 주십시오. 주께 죄를 지은 주의 백성을 용서하여 주십시오. 역대하 6:39

 다음 페이지의 기도문을 읽으면서 마음을 다해 기도하십시오.

하나님! 저는 지금까지 나라의 법을 어기거나 도덕적인 죄를 지어야만 죄인이라고 생각하며 살아왔습니다. 그런데 이 세상의 모든 사람들은 죄인의 신분으로 태어난다는 사실을 알게 되었습니다. 가끔 잘못을 저질렀다고 생각할 때도 있었지만, 그 일에 용서를 받아야 한다는 생각은 하지 않고, 나의 의지로 극복하려 할 때도 있었고, 때로는 양심의 가책마저 느끼지 않을 때도 있었습니다.

하나님 아버지, 그런 저를 불러주시고, 죄인임을 알게 해주셔서 감사드립니다.

만약 제가 이 사실을 알지 못하고 세상을 살다가 마지막을 맞이한다는 것을 상상만 해도 앞이 캄캄합니다. 그래서 하나님을 만나게 된 것이 더더욱 감사합니다.

욕심이 잉태하여 죄를 낳고, 죄가 장성하여 사망에 이른다는 성경 말씀이 있는데, 저는 하마터면 그런

결과를 맞이할 뻔하였습니다.

하나님, 나 같은 죄인을 위해 당신의 아들 예수 그리스도를 보내주셔서 감사합니다.

나 같은 못난 사람을 대신하여 십자가에서 피흘리셔서 돌아가심을 감사드립니다.

이제는 다시는 내 마음대로 죄를 지으며 하나님 마음을 아프시게 하지 않겠습니다.

혹시 실수로 잘못을 저질러도 하나님 앞에 나와서 무릎 꿇고 회개하는 사람이 되겠습니다.

악한 자는 그 길을 버리고, 불의한 자는 그 생각을 버리고, 주께 돌아오너라. 주께서 그에게 긍휼을 베푸실 것이다. 우리의 하나님께로 돌아오너라. 주께서 너그럽게 용서하여 주실 것이다. 이사야 55:7

예수님의 이름으로 기도드립니다. 아멘!

3일
새 생명을 주셔서
감사합니다

좋은 일에는 겸손하게 하나님께 감사를 고백하고
나쁜 일에는 연단을 통해
더 훌륭한 인생의 교훈을 주실 것을 기대하십시오.

먼저 말씀을 묵상하십시오.

그러므로 우리는 그분의 죽으심과 연합하는 세례를 받음으로써, 그분과 함께 묻혔습니다. 이것은, 그리스도께서 죽은 사람들 가운데서 아버지의 영광으로 살리심을 받은 것과 같이, 우리도 새로운 생명 가운데서 살아가게 하려는 것입니다. 로마서 6:4

예수께서 대답하셨다. "내가 진정으로 진정으로 너에게 말한다. 누구든지 물과 성령으로 나지 않으면, 하나님 나라에 들어갈 수 없다. 육으로 난 것은 육이요, 영으로 난 것은 영이다. 너희가 다시 태어나야 한다고 내가 말한 것을, 너희는 이상히 여기지 말아라." 요한복음 3:5-7

내가 진정으로 진정으로 너희에게 말한다. 믿는 사람에게는 영생이 있다. 나는 생명의 빵이다. 요한복음 6:47,48

 다음 페이지의 기도문을 읽으면서 마음을 다해 기도하십시오.

저에게 생명을 주시고, 인도자가 되어주신 하나님,
육신의 부모를 통해 저에게 생명을 주신 하나님께
서 예수님을 통해 새로운 생명을 주셔서 다시 태어
나게하시니 감사를 드립니다.

저는 육체와 마음이 원하는 대로 살아가며 하나님
의 진노를 쌓아가던 사람이었습니다.
그런데 예수님께서 저의 구세주가 되어 주셨습니다.
그리스도 예수 안에 있는 생명의 성령의 법이 죄와
사망의 법에서 저를 해방하였다는 것을 믿습니다.

하나님, 제가 이제부터는 새로운 생명을 얻은 자로
서 살아야 할 삶을 살 수 있도록 인도하여 주십시오.
주님을 사랑하고, 예배를 잘 드리며, 옛 습성을 벗
어버리고, 주님의 말씀을 따라 사는 사람이 되도록
도와 주세요.

저의 삶의 기준은 이제는 나 자신이 아니라 하나님 이십니다.

제 마음대로 살아가려는 고집은 꺾어 주시고 하나님의 아들(딸)로서 부끄럽지 않게 살도록 도와 주세요.

누구든지 다시 나지 않으면 하나님 나라를 볼 수 없다 요한복음 3:3

길이요 진리요 생명이신 예수님 때문에 천국의 백성이 되었음을 진심으로 믿습니다.

예수님 이름으로 기도합니다. 아멘!

4일
부활의 소망을 주셔서
감사합니다

하나님을 더 깊이 알아가려는 노력과 시간을 아끼지 마십시오.

당신이 노력하면 할수록

하나님은 당신의 인생에 더 깊이 개입하실 것입니다.

먼저 말씀을 묵상하십시오.

선한 일을 한 사람은 부활하여 생명을 얻고, 악한 일을 한 사람은 부활하여 심판을 받는다. 요한복음 5:29

죽은 사람의 부활이 없다면, 그리스도께서 살아나지 못하셨을 것입니다. 그리스도께서 살아나지 않으셨다면, 우리의 선교도 헛되고, 여러분의 믿음도 헛될 것입니다. 고린도전서 15:13

예수께서 마르다에게 말씀하셨다. "나는 부활이요 생명이니, 나를 믿는 사람은 죽어도 살고, 살아서 나를 믿는 사람은 영원히 죽지 않을 것이다. 네가 이것을 믿느냐?" 요한복음 11:25,26

 다음 페이지의 기도문을 읽으면서 마음을 다해 기도하십시오.

부활의 생명을 주신 하나님!
저는 아직 어린아이와 같지만 하나님께 의지하여
기도드립니다.

예수님을 통하여 제가 누구인지 알게 되었고, 믿는
자에게는 이 세상의 수고로운 삶이 전부가 아닌 것
도 알게 되었습니다. 하나님께서 영원 전부터 약속
하신 부활과 영생이 있음을 알게 되었습니다.

하나님의 아들(딸)이 되어서 이렇게 하나님을 아버
지라 부르게 된 것도 감사한데, 제가 죽은 후에 지
금의 불완전한 육체를 벗어버리고 완전한 몸으로
다시 부활하여 예수님과 함께 영원한 천국에서 살
수 있다고 하니 너무나 감사드립니다.

사랑의 하나님,

저는 이제부터 이 세상의 삶만 생각하지 않고 부활의 감격과 천국에 대한 소망으로 살기를 원합니다. 저에게 그런 소망이 매일매일 피어나도록 인도하여 주세요.

한 사람으로 말미암아 죽음이 들어왔으니, 또 한 사람으로 말미암아 죽은 사람의 부활도 옵니다.

고린도전서 15:21

오직 예수 그리스도를 통하여 주시는 부활의 영광에 참예하는 그 날까지 믿음을 잘 지키기를 원합니다. 이 소중한 믿음이 흐트러지지 않도록 항상 붙들어 주세요.

부활의 소망을 주신 예수님의 이름으로 기도합니다. 아멘!

5일
받은 모든 은혜에
감사합니다

소망이 위대한 이유는
보이지 않는 것을 잡기 위해
현재의 삶에 열정을 불러오고
최선을 다하도록 만들기 때문입니다.

먼저 말씀을 묵상하십시오.

나는 그리스도 예수 안에서 여러분이 받은 하나님의 은혜를 생각하고, 여러분을 두고 언제나 나의 하나님께 감사를 드립니다.
고린도전서 1:4

이 모든 일은 다 여러분을 유익하게 하려고 일어났습니다. 그리하여 하나님의 은혜가 점점 더 많은 사람에게 퍼져서, 감사하는 마음이 넘치게 하고, 하나님께 영광을 돌리게 하려는 것입니다.
고린도후서 4:15

그러므로 우리가 흔들리지 않는 나라를 받으니, 감사를 드립시다. 그래서 경건함과 두려움으로 하나님께서 기뻐하시도록 섬깁시다. 히브리서 12:28

 다음 페이지의 기도문을 읽으면서 마음을 다해 기도하십시오.

사랑의 하나님!

저의 힘으로는 단 한 순간도 생명을 유지할 수 없고, 아무것도 이룰 수 없는 무능한 존재입니다.

제가 살아가는 모든 힘은 하나님으로부터 비롯되었음을 고백합니다.

태어난 순간부터 지금까지 부모님과 형제 자매와 친구와 이웃을 만나게 해주시고 그들과 더불어 살아가게 하시니 감사드립니다. 또한 그 속에서 행복도 배우고, 사랑도 배우고, 기쁨도 배우고, 나누는 법도 배울 수 있어서 감사드립니다.

하나님께서 지으시지 않은 것이 하나도 없다고 하는데, 이 세상의 아름다움과 비와 공기와 해와 달의 혜택도 누릴 수 있음을 감사드립니다. 지금까지 하나님의 창조에 대해 깨닫지 못하고 감사할 줄 모르고 살아왔지만, 아침과 저녁, 빛, 어두움, 바다, 하늘, 별, 나무, 풀 한 포기, 꽃, 동물 그리고 작은 벌레에 이르기까지 모두 하나님의 창조물임을 알고 주어진 모든 것에 감사드립니다.

하나님의 은혜를 사모하는 마음을 주시고, 때를 따라 돕는 은혜를 얻기 위하여 하나님을 항상 찾는 사람이 되기를 원합니다.

하나님께서 말씀하시기를 "은혜의 때에, 나는 네 말을 들어 주었다. 구원의 날에, 나는 너를 도와 주었다"하셨습니다. 또한 "보십시오, 지금이야말로 은혜의 때요, 지금이야말로 구원의 날입니다."고린도후서 6:2 라고 하셨습니다.

내가 서있는 이 자리가 하나님께서 은혜 베푸시는 곳이요, 지금 이 순간이 하나님의 은혜를 받는 시간이라는 사실을 항상 기억하게 하여 주십시오.

예수님의 이름으로 기도드립니다. 아멘!

감사하는 마음

포기하지 않고

끝까지 경주하는 자만이

목표에 이를 수 있습니다.

그리고 하나님은 당신이 포기하지 않도록

지금도 돕고 계십니다.

● 하나님께 기도하고 싶은 말을 직접 적어보세요.

6일
마음으로 지은 죄를
용서해 주소서

하나님의 고귀한 성품인 부드러움을 닮아가십시오.
그것은 가장 강한 무기가 될 것이며,
가장 큰 화평을 얻는 지름길입니다.

먼저 말씀을 묵상하십시오.

"사람에게서 나오는 것, 그것이 사람을 더럽힌다. 나쁜 생각은 사람의 마음에서 나오는데, 곧 음행과 도둑질과 살인과 간음과 탐욕과 악의와 사기와 방탕과 악한 시선과 모독과 교만과 어리석음이다. 이런 악한 것이 모두 속에서 나와서 사람을 더럽힌다." 마가복음 7:20-23

육신을 따라 사는 사람은 육신에 속한 것을 생각하나, 성령을 따라 사는 사람은 성령에 속한 것을 생각합니다. 육신에 속한 생각은 죽음입니다. 그러나 성령에 속한 생각은 생명과 평화입니다. 로마서 8:5,6

그 때에 내가 그들에게 일치된 마음을 주고, 새로운 영을 그들 속에 넣어 주겠다. 내가 그들의 몸에서 돌같이 굳은 마음을 없애고, 살같이 부드러운 마음을 주겠다. 에스겔 11:19

 다음 페이지의 기도문을 읽으면서 마음을 다해 기도하십시오.

나를 사랑하시는 하나님!

하나님을 믿기 전에 저는 특별한 나쁜 일이 아니면 제가 잘못한 것조차 알지 못했습니다. 때때로 마음에 걸리는 잘못들을 하기도 했지만 대수롭지 않게 여겼습니다. 그러나 이제부터는 작은 잘못이라도 하나님께 용서를 구하며 살기를 원합니다.

하나님, 그동안 저는 마음으로 많은 죄를 지었습니다. OOO, OOO를 미워하였습니다. 저와 상관없는 사람들도 미워하는 마음을 품었습니다. 저의 잘못을 반성하오니 용서해 주십시오.

하나님, 저는 여러 사람에게 질투를 느꼈습니다. 내 욕심 때문에 시기하고, 그들의 것을 갖고 싶을 때도 있었습니다. 지나친 탐심을 주체하지 못하여 OOO, OOO의 것은 마음으로 혹은 물건을 훔치기도 하였습니다. 지금도 OOO, OOO에게 그런 마음을 가지고 있는데, 그런 저의 마음을 바꾸어주시고, 용서해 주십시오.

여러분의 생활 가운데 죄악된 것은 다 버리십시오.
성적인 죄, 악한 행동, 나쁜 생각, 지나친 욕심 등
은 하나님 이외의 것들을 더 소중히 여기는 마음가
짐입니다. 특히 탐심은 우상숭배입니다. 골로새서 3:5

하나님께서 마음으로 짓는 죄까지 지적하시고 살
피고 계신다는 사실을 명심하며 살겠습니다.
하나님, 제가 마음으로 지은 가장 큰 잘못이 있습
니다.
하나님의 존재를 무시하고 우습게 여기는 마음을
가졌습니다. 하나님, 진심으로 잘못을 회개합니다.
마음을 청결하게 하고 누구에게든 선한 마음으로
대하는 제가 되도록 도와주십시오.
예수님의 이름으로 간구드립니다. 아멘!

7일
말로 지은 죄를
용서해 주소서

하나님은 우리에게
그리스도의 향기를
내는 사람이 되라고 말씀하십니다.

먼저 말씀을 묵상하십시오.

미련한 사람의 입술은 다툼을 일으키고, 그 입은 매를 불러들인다. 미련한 사람의 입은 자기를 망하게 만들고, 그 입술은 올무가 되어 자신을 옭아맨다. 잠언 18:6,7

마음이 지혜로운 사람은 말을 신중하게 하고, 하는 말에 설득력이 있다. 잠언 16:23

주님은 거짓말을 하는 입술은 미워하시지만, 진실하게 사는 사람은 기뻐하신다. 잠언 12:22

말을 조심하는 사람은 자신의 생명을 보존하지만, 입을 함부로 여는 사람은 자신을 파멸시킨다. 잠언 13:3

 다음 페이지의 기도문을 읽으면서 마음을 다해 기도하십시오.

오늘도 살아계셔서 이 세상을 주관하시고 인도하시는 하나님, 하나님 앞에 저의 입술의 죄를 고백하려 합니다.

제가 말로 하나님의 마음을 아프게 했거나, 사람을 다치게 한 일에 대하여 용서를 구합니다.

하나님의 존재를 무시하고 불평과 원망을 하였던 저를 용서하여 주십시오. 교회를 비방하고, 목사님을 인간적인 판단으로 흉보고, 하나님을 믿는 사람들을 폄하하였습니다. 하나님, 정말 죄송합니다.

한때는 거짓말로 사람을 속일 때도 있었습니다. OOO에게 (   )일로 거짓말을 하였습니다. 용서해 주십시오. 그가 나 때문에 받았을 손해나 상처가 회복되도록 도와주세요. 이제부터는 제 입술을 주관하여 주셔서 진실만을 말할 수 있는 사람이 되도록 도와주세요.

하나님께서는 저희를 부드럽게 감싸 안아주시고,

상처를 싸매주시는데, 저는 날카로운 말로 다른 사람의 마음을 찔러 상처를 주었습니다. ○○○에게, ○○○에게 말로 상처를 주었던 것을 후회하고 용서를 구합니다. 앞으로는 용기를 주고 위로를 주는 말로 사람을 일으켜 세우는 사람이 되도록 도와주세요.

하나님, 부끄러운 고백을 또 하려고 합니다. 다른 사람의 험담으로 뒷말 하는 것은 비겁하고 나쁜 습관인데 저는 그 일을 대수롭지 않게 여기며 즐길 때가 많았습니다. 확실한 근거도 없이 사람을 비하하고 흉보고, 때로는 부풀려서 그 사람을 바닥으로 떨어뜨렸습니다. 그 사람이 얼마나 억울할지, 얼마나 상처가 될지는 생각하지 않았습니다. 이 시간 진심으로 하나님 앞에 용서를 구합니다. 저의 입술이 사람들을 칭찬하고 격려하는 데 사용되도록 인도해 주세요. 예수님 이름으로 기도합니다. 아멘!

8일
잘못된 태도와 행동을
용서해 주소서

영혼의 풍요로움 속에 살아가는 사람은
물리적인 조건과 환경의 변화에 의해
자신의 행복을 빼앗기지 않습니다.

먼저 말씀을 묵상하십시오.

여러분은 열매 없는 어둠의 일에 끼어 들지 말고, 오히려 그것을 폭로하십시오. 에베소서 5:11

여러분은 이방 사람 가운데서 행실을 바르게 하십시오. 그렇게 해야 그들이 여러분더러 악을 행하는 자라고 욕을 하다가도, 여러분의 바른 행위를 보고 하나님께서 찾아오시는 날에, 하나님께 영광을 돌릴 것입니다. 베드로전서 2:12

그러나 악인이라도 자기가 저지른 모든 죄악에서 떠나 돌이켜서, 나의 율례를 다 지키고 법과 의를 실천하면, 그는 반드시 살고, 죽지 않을 것이다. 그가 지은 모든 죄악을, 내가 다시는 더 기억하지 않을 것이다. 그는 자신이 지킨 의 때문에 살 것이다. 에스겔 18:21,22

 다음 페이지의 기도문을 읽으면서 마음을 다해 기도하십시오.

은혜가 풍성하신 하나님 아버지,

잘못된 마음은 잘못된 행동을 낳는데 저의 비뚤어진 마음 때문에 옳지 못한 행동들을 하였던 것을 이 시간 반성합니다. 저보다 더 약하고 저보다 더 어려우며 도움이 필요한 많은 사람들이 제 옆을 지나갔지만 저는 오직 나 자신만을 사랑하느라 그들을 돌아보지 않았습니다. 무관심과 불친절한 태도로 그들을 대하였습니다.

제가 남을 아프게 하고 억울하게 한 것은 잘 기억하지도 못하면서, 다른 사람이 조금이라도 저에게 잘못한 것이 있으면 불평스런 얼굴로 대하였고 쌀쌀하게 대하였습니다.

제 자신의 자존심이 깍이는 것은 견디지 못하면서 저를 낮추는 사람들에게 무례하게 공격하였습니다. 이것이 하나님이 가장 싫어하시는 교만한 태도라는 것을 알지 못하였습니다.

가족 중에는 ○○○ ○○○에게, 친구 ○○○ ○○○에게 가장 많은 무례함을 범하였습니다. 용서해 주십시오.

하나님의 아들이시면서 스스로를 낮추어 죽기까지 복종하셨던 예수 그리스도를 본받는 자가 되도록 인도해 주십시오. 예수님의 겸손한 마음을 부어 주십시오.

이성을 쾌락의 대상으로 여기며 성적으로 범죄한 것과 성급하여서 다투고 폭력을 휘두른 일들을 주님의 보혈로 씻기시고 용서하여 주십시오.

이후로는 선한 것을 추구하며, 다른 이들을 존중하는 행동을 하겠습니다. 지금은 많이 부족하지만, 하나님께서 저를 변화시켜 주실 것을 믿습니다.

예수님 이름으로 기도합니다. 아멘!

9일
너그럽게 용서하는
마음을 주소서

착한 일은 자신과 사회를 행복하게 만듭니다.
그리고 우리 자신을 의지하는 것이 아니라
주님이 주신 힘을 의지하여 선한 일을 도모할 때
지속적으로 행복과 만족이 넘칩니다.

먼저 말씀을 묵상하십시오.

여러분이 누구를 용서하면, 나도 용서합니다. 내가 용서한 경우가 있으면, 내가 용서한 것은, 그리스도 앞에서 여러분을 위하여 한 것입니다. 고린도후서 2:10

누가 누구에게 불평할 일이 있더라도, 서로 용납하여 주고, 서로 용서하여 주십시오. 주께서 여러분을 용서하신 것과 같이, 여러분도 서로 용서하십시오. 골로새서 3:13

남을 심판하지 말아라. 그러면 하나님께서도 너희를 심판하지 않으실 것이다. 남을 정죄하지 말아라. 그러면 하나님께서도 너희를 정죄하지 않으실 것이다. 남을 용서하여라. 그러면 하나님께서도 너희를 용서하실 것이다. 누가복음 6:37

 다음 페이지의 기도문을 읽으면서 마음을 다해 기도하십시오.

사랑과 용서의 하나님, 매일매일 주님께 기도할 수 있음이 너무나 큰 축복임을 고백합니다.

그동안 저는 다른 사람들이 조금이라도 잘못하거나 실수하는 것이 있다면 가차 없이 비판하고 두고두고 기억하면서 그 사람을 용서하지 않았습니다. 어떤 사정이 있는지 이해하려고도 하지 않았습니다. 그런데 뻔뻔하게도 다른 사람은 용서해주지 않으면서 나의 잘못은 덮어지기를 바랐습니다. 얼마나 모순된 삶을 살았는지 주님 앞에 부끄러운 마음에 고개를 들지 못하겠습니다.

하나님께서도 제 잘못을 너그럽게 용서해 주신 것처럼 다른 사람을 대하는 저의 마음이 너그러워지도록 도와주세요. 제가 옹졸해질 때마다 하나님 아버지의 마음을 떠올릴 수 있도록 도와주세요.

OOO는 저에게 말로 상처를 주었습니다. 이 시간 그 사람을 용서하기 원합니다.

OOO는 저에게 물질의 손해를 끼쳤습니다. 그러나 그 사람을 용서하고 지난날을 잊고 다시 좋은 관계로 돌아가겠습니다.

OOO는 저와 의견이 다르다고 마음속으로 미워하였습니다. 이제부터 저와 다른 사람의 의견도 존중하며 사랑할 줄 아는 사람이 되겠습니다.

저에게 손해를 끼치든지, 이익을 주든지 주님의 마음으로 대하며 포용하는 사람이 되겠습니다. 용납하고 온유하며 주님의 사랑의 마음을 닮는 사람이 되도록 저를 다스려 주십시오.

예수님의 이름으로 기도합니다. 아멘!

10일
다시는 잘못된 길로
가지 않도록 인도하소서

세월은 모든 약속을 변하게 하지만
영원하신 하나님은
약속하신 것을 능히 이루시는 분입니다.

먼저 말씀을 묵상하십시오.

그러므로 그리스도 안에 머물러 있는 사람마다 죄를 짓지 않습니다. 죄를 짓는 사람마다 그를 보지도 못한 사람이고, 그를 알지도 못한 사람입니다. 요한1서 3:6

여자가 대답하였다. "주님, 한 사람도 없습니다." 예수께서 말씀하셨다. "나도 너를 정죄하지 않는다. 가서, 이제부터 다시는 죄를 짓지 말아라." 요한복음 8:11

나는 그들의 불의를 긍휼히 여기고, 더 이상 그들의 죄를 기억하지 않겠다. 히브리서 8:12

 다음 페이지의 기도문을 읽으면서 마음을 다해 기도하십시오.

하나님, 지난 며칠 동안 저의 죄에 대하여 기도하였습니다. 또한 남을 용서하는 사람이 되게 해달라고 기도하였습니다. 이제 다시는 잘못된 생각과 행동으로 죄를 반복하지 않도록 도와주십시오.

혹시 잘못을 반복한다면, 곧바로 깨닫게 도와주시고, 마음을 바꿔주세요. 이제 저의 마음은 하나님이 주인이시니, 하나님의 마음을 품을 수 있기를 원합니다.

그러나 저는 아직 부족하여서 나쁜 마음과 행동의 유혹에서 완전히 벗어나지 못하였습니다. 그래서 갈등하며 괴로울 때도 많을 것 같습니다. 하나님, 그때마다 선과 악의 사이에서 하나님의 뜻을 따르는 선이 이길 수 있도록 저를 꼭 붙들어 주십시오.

그리스도인으로 세상에서 바르게 살아 간다는 것은 너무나 어렵다고 합니다.

제 주변에도 유혹하는 많은 환경들이 저를 둘러싸

고 있습니다. 그것들을 어떻게 헤쳐 나가야 할지 모르겠습니다. 때로는 죄의 달콤한 유혹에 빠지고 싶을 때도 있습니다. 그런 성향을 완전히 뿌리 뽑아 주시기를 간절히 간구드립니다.

하나님께서 누군가를 그의 자녀로 삼으셨을 때, 그 사람은 더 이상 죄를 짓지 않습니다. 그것은 하나님께서 주신 새로운 삶의 씨가 그의 안에 머무르게 되기 때문입니다. 그는 이제 하나님의 자녀가 되었기 때문에 계속하여 죄를 짓고 살 수 없습니다. 요한1서 3:9

이 말씀처럼 죄를 짓지 않고 완전히 새로운 사람으로 살게 해주시기를 예수님의 이름으로 간절히 기도드립니다. 아멘!

감사하는 마음

감사하는 마음은 인생을 풍요롭게 합니다.

항상 감사하는 마음을 가지고

주위의 모든 사람을 대하십시오.

그리고 가장 먼저 하나님 은혜에

감사하는 마음을 가지십시오.

감사는 기적을 낳습니다.

● 하나님께 기도하고 싶은 말을 직접 적어보세요.

11일
참된 예배자로
살게 하소서

세월이 깊어갈수록
변치 않으시는 하나님의 모습을 닮아간다면
신뢰의 통장에 가장 가치 있는 부를 쌓을 것입니다.

먼저 말씀을 묵상하십시오.

예수께서 말씀하셨다. "…참되게 예배를 드리는 사람들이, 영과 진리로 아버지께 예배를 드릴 때가 온다. 지금이 바로 그 때다. 아버지께서는 이렇게 예배를 드리는 사람들을 찾으신다. 하나님은 영이시다. 그러므로 하나님께 예배를 드리는 사람은 영과 진리로 예배를 드려야 한다." 요한복음 4:21-24

그분 계신 곳으로 가자. 그 발 아래에 엎드려 경배하자.
시편 132:7

주 우리 하나님을 높이 찬양하여라. 그 거룩한 산에서 그분을 경배하여라. 주 우리 하나님은 거룩하시다. 시편 99:9

 다음 페이지의 기도문을 읽으면서 마음을 다해 기도하십시오.

오늘도 감사함으로 주님께 기도 드립니다.

하나님께서는 영광을 받으시기 위하여 사람을 지으셨습니다.

저도 하나님께서 지으셨는데, 지금까지는 하나님을 기쁘시게 하는 삶을 살지 못하였습니다. 하지만 이제부터는 진실한 마음으로 온 정성을 다하여 주님을 예배하는 자가 되기를 원합니다.

이 세상에는 제가 좋아하는 것이 너무나 많이 있습니다. 물질, 사람, 일, 취미, 오락 등 저의 마음을 빼앗는 것들이 즐비해 있습니다. 그래서 그것들을 더 사랑하고 저의 삶의 우선순위에 두었습니다.

이제 내 삶의 주인은 하나님이십니다. 어떤 것보다도 하나님을 먼저 사랑하고 예배드리는 자가 되기를 원합니다.

이전에 다른 것을 섬기던 어리석은 삶을 다시는 반

복하지 않게 도와주시고, 오직 하나님만 경배하는
제가 되게 하여 주십시오.

아직은 교회에 가고 예배를 드리는 일이 익숙하지
않게 느껴지기도 하고, 저의 삶의 방식이 하나님
믿기 전처럼 세상의 일들로 분주할 때도 많지만,
그런 환경이 차츰 바뀌어 가도록 변화시켜 주시기
를 간구드립니다.

그러니 우리는 예수로 말미암아 끊임없이 하나님
께 찬양의 제사를 드립시다. 곧, 그분의 이름을 고
백하는 입술의 열매를 드립시다. 히브리서 13:15

이 말씀이 저의 삶이 되게 하여 주시기를 원합니다.
예수님의 이름으로 기도드립니다. 아멘.

12일
하나님 말씀을
사랑하게 하소서

성경은 진정한 보물창고요
가장 설득력 있는 가르침이요
영혼의 완전식품입니다.

먼저 말씀을 묵상하십시오.

주 너희의 하나님을 사랑하여라. 그의 말씀을 들으며 그를 따라라. 그러면 너희가 살 것이다. 신명기 30:20

주의 말씀이 심히 순수하므로 주의 종이 이를 사랑하나이다. 시편 119:140

왕은 자기의 자리에 서서, 주님을 따를 것과, 마음과 목숨을 다 바쳐 그의 계명과 법도와 규례를 지킬 것과, 이 책에 적힌 언약의 말씀을 지킬 것을 맹세하는 언약을, 주 앞에서 맺었다. 역대하 34:31

주님, 주님은 나의 분깃, 주의 말씀을 지키기로 약속합니다. 시편 119:57

 다음 페이지의 기도문을 읽으면서 마음을 다해 기도하십시오.

말씀으로 이 세상을 지으시고 다스리시는 하나님,
매일 건강을 지키기 위하여 세 끼의 식사를 하고
있는 것처럼 저의 믿음을 지키기 위해서 영혼의 양
식도 섭취하기를 원합니다. 아직은 말씀이 전부 이
해되지 않지만, 하나님의 말씀이 저의 가슴으로 스
며들 수 있도록 도와주십시오.

중요한 결정을 할 때 하나님의 말씀이 기준이 되게
도와주시고, 지치고 힘들 때 하나님의 말씀 때문에
힘과 위로를 얻으며 매 순간 선택하여야 할 일이
많은데, 말씀에 비추어 선택하므로 실수하지 않도
록 도와십시오.

저의 이전의 지식으로 말미암아 말씀이 저에게 스
며드는 것이 방해되지 않도록 해주시고, 하나님을
섬기는 일에 불필요한 지식이나 하나님이 기뻐하
시지 않은 지식이 쌓여 있다면, 그 지식창고를 깨

끗이 비워주시기를 소망합니다.

무엇보다 하나님 말씀을 진심으로 사랑하여서 매일 그 말씀을 먹지 않고는 견딜 수 없는 심정을 허락하여 주십시오.

하나님의 말씀은 살아 있고, 힘이 있으며, 어떤 양날칼보다도 날카로워서, 사람 속을 꿰뚫어 혼과 영을 갈라 내고, 관절과 골수를 갈라 놓기까지 하며, 마음에 품은 생각과 의향을 가려 냅니다.

히브리서 4:12

이 말씀을 저의 마음판에 새겨서 살아있는 하나님 말씀을 체험하는 삶을 살기를 원합니다.

예수님의 이름으로 기도드립니다. 아멘.

13일
기도하는 삶을
살게 하소서

헤아릴 수 없이 넓고 깊은 하나님의 은혜의 바다에
우리의 가슴에 쌓인 모든 찌꺼기를 씻어내며
큰 목소리로 마음껏 찬양하십시오.

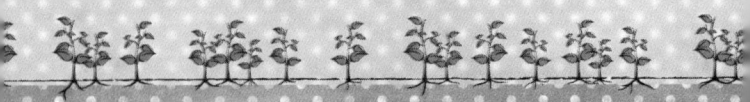

먼저 말씀을 묵상하십시오.

아무것도 염려하지 말고, 모든 일을 오직 기도와 간구로 하고, 여러분이 바라는 것을 감사하는 마음으로 하나님께 아뢰십시오. 빌립보서 4: 6~7

하나님, 내 기도에 귀를 기울여 주십시오. 내가 간구하오니, 숨지 말아 주십시오. 시편 55:1

온갖 기도와 간구로 늘 성령 안에서 기도하십시오. 또 이것을 위하여 늘 깨어서 끝까지 참으며, 모든 성도를 위하여 간구하십시오. 에베소서 6:18

 다음 페이지의 기도문을 읽으면서 마음을 다해 기도하십시오.

은혜가 풍성하신 하나님, 하나님은 진실하시며, 우리의 간구에 귀를 기울이시며, 세심하게 인도하고 계시는 분이심을 믿습니다.

하나님, 저는 가족과 친구, 지인 등 많은 주변 사람들과 대화를 통해 저의 마음을 나누며 살아왔습니다. 그러나 저의 마음속에는 항상 허전함이 자리잡고 있습니다. 내 마음을 완전히 이해해주고 함께 아파해주며, 함께 행복해하는 사람이 얼마나 있을까 생각하게 됩니다. 그러나 하나님께서는 저희 모든 마음을 감찰하신다고 하셨습니다.

사랑의 하나님,
제가 마음이 답답할 때나, 슬플 때나, 기쁜 일이 있을 때나, 원하는 소망이 있을 때나 언제든지 주님께 저의 심정을 다 말씀드릴 수 있도록 도와주십시오.

매일 아침 눈을 뜨며 "하나님, 오늘 하루를 주셔서 감사합니다"라고 기도하며, 식사 때마다 감사드리며, 주변사람들의 아픔과 눈물과 기쁨과 행복을 위하여 기도하게 하여 주십시오. 또한 저의 장래를 위해서노 기도하며 하루히루 인도함을 받을 수 있도록 도와 주십시오.

하나님, 제가 기도할 때 아무것도 염려하지 않고 오직 믿음으로 기도할 수 있도록 저를 붙들어 주시기를 간구드립니다. 의심과 불안과 두려움은 저의 근처에도 오지 않도록 저를 보호해 주세요.
하나님께서 저에게 최상의 것으로 가장 적절한 때에 공급해주실 것을 믿고 기도하도록 인도해 주십시오.
예수님의 이름으로 기도드립니다. 아멘

14일
예수님을
닮아가게 하소서

과일 나무가 익어
결실을 맺는 기쁨을 맛보기 위해서는
나무를 가꾸고, 물을 주고,
마음에 소망을 담아야 합니다.

먼저 말씀을 묵상하십시오.

나를 섬기려고 하는 사람은, 누구든지 나를 따라오너라. 내가 있는 곳에는, 나를 섬기는 사람도 나와 함께 있을 것이다. 누구든지 나를 섬기면, 나의 아버지께서 그를 높여 주실 것이다.

요한복음 12:26

언제나 겸손함과 온유함을 지니십시오. 사랑으로 서로 용납하면서, 오래 참으십시오. 에베소서 4:2

그리스도께서 우리를 사랑하셔서, 우리를 위하여 하나님 앞에 향기로운 예물과 제물로 자기 몸을 내주신 것같이, 여러분도 사랑 안에서 살아가십시오. 에베소서 5:2

 다음 페이지의 기도문을 읽으면서 마음을 다해 기도하십시오.

나를 구원하시기 위해 이 세상에 독생자 예수 그리스도를 보내신 하나님, 감사합니다.

예수님께서 이 세상에 계실 때 보여주셨던 아름다운 모습을 닮는 사람이 되기를 원합니다.

예수님께서는 우리를 사랑하시기 위해 가장 낮은 자의 모습으로 오셨습니다.

말이 사는 마구간에서 태어나시고, 33년 동안 이 땅에 사시면서 한번도 풍요로운 삶을 살지 않으셨습니다.

자기 자신보다 남을 위해 자신의 삶과 목숨까지도 기꺼이 내어 주신 예수님의 사랑과 겸손의 모습을 본받는 사람이 되게 하여 주십시오.

때가 되면 높이시는 하나님만 바라보며 결코 교만하지 않는 사람이 되게 하여 주십시오.

사람을 용서하라 말씀하시고 친히 제자들에게 온

유의 모습을 보여주신 예수님을 따르며 너그럽게 원수까지도 사랑하는 사람이 되게 하여 주십시오.

예수님께서는 십자가라는 어려운 짐을 지시면서 온 인류 구원이라는 큰 과업을 이루시기 위해 참고 견디셨던 것처럼, 저에게 닥쳐오는 크고 작은 시련 가운데서도 하나님의 때를 바라며 참고 견딜 수 있는 사람이 되도록 붙들어 주십시오.

예수님의 모든 것을 닮기에 저는 너무나 부족한 사람입니다. 하지만, 그분의 성품과 삶을 닮아가기에 힘쓰는 사람이 되도록 인도해 주시기를 간절히 간구드립니다.

예수님의 이름으로 기도합니다. 아멘.

15일
강한 믿음을
갖게 하소서

행복의 가치는 돈으로도 따질 수 없습니다.
사람으로부터 얻는 행복은 잠깐이고 흘러가버릴 수도 있지만,
하나님으로부터 얻은 행복은 영원한 행복입니다.

먼저 말씀을 묵상하십시오.

하나님의 의가 복음에 나타나 있으며, 믿음으로 믿음에 이르게 합니다. 이것은 성경에 기록된 바 "의인은 믿음으로 살 것이다" 한 것과 같습니다. 로마서 1:17

믿음이 없이는 하나님을 기쁘게 해드릴 수 없습니다. 하나님께 나아가는 사람은, 하나님께서 계시다는 것과 하나님께서는 자기를 찾는 사람들에게 상을 주시는 분이라는 것을 믿어야 합니다. 히브리서 11:6

주께서 말씀하셨다. "너희에게 겨자씨 한 알 만한 믿음이라도 있으면, 이 뽕나무더러 '뽑혀서, 바다에 심기어라' 하면, 그대로 될 것이다. 누가복음 17:6

 다음 페이지의 기도문을 읽으면서 마음을 다해 기도하십시오.

예수님 안에서 나를 자녀 삼으신 하나님, 하나님을 진심으로 섬기는 믿음의 사람이 되기를 원합니다.

하나님을 믿게 된 것을 생각하면, 기적처럼 느껴집니다. 이성의 잣대로 세상을 규정지으며, 인간의 상식 안에서만 모든 것을 받아들이려 했던 제가 눈에 보이지 않는 하나님을 믿게 된 것은 순전히 하나님의 은혜임을 고백합니다.

믿음이 없이는 하나님을 기쁘시게 하지 못한다고 하셨는데 히브리서 11:6, 제가 하나님을 기쁘시게 해드리는 강한 믿음의 사람으로 성장할 수 있도록 인도하여 주십시오.

아직도 어떤 부분에서는 흔들리는 저의 모습을 봅니다.

'과연 하나님께서 나를 도와주실까?' '내가 기도해도 들어주실까?' 하는 의문을 가진 생각들이 저를 혼란스럽게 할 때가 있습니다.

하나님, 믿음과 불신의 중간에서 어정쩡한 신앙생
활을 하지 않도록 도와주시고, 언제 어느 곳에서든
지 당당하게 믿음의 사람의 모습을 보일 수 있도록
인도해 주세요.

하나님을 믿지 않는 사람들과는 달리 담대하고, 여
유있는 마음을 갖기를 원합니다. 믿음이 있기 때문
에 조급하지 않게 하나님의 때를 기다리는 사람이
되기를 원합니다.

겨자씨 한 알만한 믿음만 있어도 산을 옮길 수 있
다 마태복음 17:20 는 말씀이 제 믿음으로 나타나도록
인도해 주실 것을 믿습니다.

예수님의 이름으로 기도드립니다. 아멘.

소망을 끝까지 붙잡는 사람

주님께서 우리의 속사람을

더욱 견고케 하실 것을 믿고 의지하며

어떠한 역경에도 자신의 소망을

끝까지 견고히 붙잡는 자가 되십시오.

당신의 앞에 분명히

눈부신 미래가 기다리고 있을 것입니다.

● 하나님께 기도하고 싶은 말을 직접 적어보세요.

16일
성도들과 아름다운 교제를
하게 하소서

하나님을 닮아가려는 노력을 끊임없이 할 때
삶과 행동이 변화되며,
건강한 삶을 살 수 있습니다.

먼저 말씀을 묵상하십시오.

여러분을 부르셔서 그의 아들 우리 주 예수 그리스도와의 친교를 가지게 해주신 하나님은 신실하십니다. 고린도전서 1:9

나의 형제여, 나는 그대의 사랑으로 큰 기쁨과 위로를 받았습니다. 성도들이 그대로 말미암아 마음에 생기를 얻었기 때문입니다. 빌레몬서 1:7

형제자매 여러분, 우리는 여러분의 일로 언제나 하나님께 감사를 드릴 수밖에 없습니다. 그렇게 하는 것이 당연한 일이니, 그것은, 여러분의 믿음이 크게 자라고, 여러분 모두가 저마다 서로에게 베푸는 사랑이 더욱 풍성해 가고 있기 때문입니다.

데살로니가후서 1:3

 다음 페이지의 기도문을 읽으면서 마음을 다해 기도하십시오.

사랑의 주님,

저는 교회에 와서 많은 분들을 만났습니다. 그러나 때로는 낯설고 어색하기까지 합니다.

제가 먼저 다가가기에는 용기가 나지 않습니다.

그러나 제가 마음을 열지도 않던 때부터 주님께서 저의 마음문을 두드리시고 찾아오셔서 손을 내미셨던 것처럼, 저도 그런 사랑의 용기를 갖기를 원합니다.

여러 성도들에게 먼저 인사하고, 웃어주고, 다가갈 수 있는 용기를 주세요.

모두가 주님 안에서 한 형제요 자매라고 하셨으니, 진심으로 그런 마음이 들어서 먼저 사랑하기를 원합니다. 주님이 그러셨던 것처럼요.

믿음의 형제, 자매를 세상의 눈과 판단으로 바라보지 않도록 도와주시고, 예수님의 마음으로 대하도록 인도해 주십시오.

"여러분은 진리에 복종함으로써, 영혼을 정결하게 해서, 꾸밈없이 서로 사랑하기에 이르렀으니, 순결한 마음으로 서로 뜨겁게 사랑하십시오." 베드로전서 1:22 라고 하신 말씀대로 사랑하게 하여 주십시오.

간절히 원하는 것은, 저와 마음을 나누는 가까운 성도들을 사귀고 싶습니다. 어려울 때 함께 진심으로 기도해주고, 저의 신앙생활도 잘 이끌어주고, 마음을 터놓고 이야기할 수 있는 그런 분을 만나게 해주십시오.
그래서 "나의 사랑하고 사모하는 형제들!"이라고 날마다 기뻐 외칠 수 있는 삶이 되도록 도와주십시오.

나를 인도하시고 보호하시는 예수님의 이름으로 기도드립니다. 아멘.

17일
긍정적으로 모든 일을
바라보게 하소서

우주만물 어느 곳이든지
하나님의 손길이 닿지 않은 곳은 없습니다.
하늘과 바다를 주관하시는
하나님께서 당신의 손을 붙드십니다.

먼저 말씀을 묵상하십시오.

그러므로 내 마음이 기뻐하였고 내 혀도 즐거워하였으며 육체도 희망에 거하리니 사도행전 2:26

여호와의 말씀이니라 너희를 향한 나의 생각을 내가 아나니 평안이요 재앙이 아니니라 너희에게 미래와 희망을 주는 것이니라 예레미야 29:11

이 모든 것을 내가 마음에 두고 이 모든 것을 살펴 본즉 의인들이나 지혜자들이나 그들의 행위나 모두 다 하나님의 손 안에 있으니 사랑을 받을는지 미움을 받을는지 사람이 알지 못하는 것은 모두 그들의 미래의 일들임이니라 전도서 9:1

 다음 페이지의 기도문을 읽으면서 마음을 다해 기도하십시오.

마음과 생각을 주관하시는 하나님,

저는 부정적으로 세상을 바라보고 사람과 세상을 판단하였던 적이 많습니다. 그래서 제 마음마저 점점 메말라가는 것 같습니다.

이제는 모든 부정적인 생각은 버리고 하나님께서 주실 긍정적인 삶을 바라보는 사람이 되고 싶습니다. 무력한 생각들 때문에 저의 믿음이 약해지지 않도록 보호해주십시오.

남을 비하하거나 할 수 없을 것이라고 미리 포기하거나 나쁜 쪽으로 미리 결론을 내려서 좋지 않은 영향을 끼치는 사람이 아니라 긍정과 희망을 주는 사람이 되도록 인도해 주십시오.

나 자신을 사랑하지 못하고 자책하며 자기비하를 할 때도 많았지만 이제는 '나 자신'을 사랑하며, 하나님을 소망으로 삼고 확신있는 삶을 살게 하여 주십시오.

"하나님께서 나의 견고한 요새이시다. 하나님께서는 내가 걷는 길을 안전하게 하여 주신다"사무엘하 22:33 는 말씀을 마음 깊이 새기게 하여 주십시오.

내가 너희를 두고 계획하고 있는 일들은 재앙이 아니라 번영으로서, 너희에게 미래에 대한 희망을 주는 것이다. 나 주의 말이다.예레미야 29:11

주님, 이 말씀을 믿고 하나님께서 주실 더 나은 내일을 기대하며 살겠습니다.
나를 사랑하시는 예수님의 이름으로 기도드립니다. 아멘.

18일
하나님 안에서 미래를
꿈꾸게 하소서

예수를 통해 우리는
삶의 꽃을 피울 수 있습니다.
그분 자신이 꽃이시며,
우리의 가장 큰 선물이십니다.

먼저 말씀을 묵상하십시오.

언제나 내 안에 머물러 있어라. 그러면 나도 너희 안에 머물러 있겠다. 가지가 포도나무에 붙어 있지 않으면, 스스로 열매를 맺을 수 없는 것과 같이, 너희도 내 안에 머물러 있지 않으면, 열매를 맺을 수 없다. 요한복음 15:4

나는 내 희망을 언제나 주님께만 두렵니다. 주님을 더욱더 찬양하렵니다. 시편 71:14

다만 여러분의 마음 속에 그리스도를 주님으로 거룩하게 높이며, 여러분이 가진 소망을 설명하여 주기를 바라는 사람에게는, 언제나 누구에게나 답변할 수 있도록 준비하십시오.

베드로전서 3:15

 다음 페이지의 기도문을 읽으면서 마음을 다해 기도하십시오.

과거와 현재와 미래를 주관하시는 하나님,

저의 꿈에 대해 다시 생각해보려 합니다.

하나님께서 나의 주관자이심을 믿게 되었으니, 이제는 하나님과 함께 미래를 설계해 나가기를 원합니다.

하나님 없이 지금까지 제가 세운 계획들은 미완성일 수밖에 없는 허술한 것이었습니다.

저의 만족과 안일을 위한 것에 불과하여 그 꿈은 이 세상에서 끝나는 것들이었습니다.

그 계획이 이루어질 때마다 한쪽 마음은 허전할 때가 많았습니다.

그러나 이제는 이런 계획을 고수하지 않게 하시고, 하나님의 계획에 초점을 맞추어 살아가고 싶습니다. 짧은 안목으로 언젠가는 없어질 것에 마음을 쏟지 않게 하시고 영원한 꿈을 향하여 나아가도록 인도해 주세요. 저의 시야에서만 빙빙 도는 생활이 아니라 눈에 보이지는 않지만, 다가올 미래를 향한 멋진 꿈을 하나님 안에서 꾸기를 원합니다.

누군가 저에게 살아가는 목적과 소망에 관해 묻는다면, 지금까지 품어왔던 것과는 다른 더 큰 미래에 대한 꿈을 당당히 밝힐 수 있도록 하여 주십시오.

너희가 내 안에 머물러 있고 나의 말이 너희 안에 머물러 있으면, 너희가 무엇을 구하든지 다 그대로 이루어질 것이다. 요한복음 15:7

제가 주님 안에 있기만 하면 모든 것이 이루어질 것이라고 하신 말씀을 믿습니다. 앞으로 펼쳐질 주님과 함께 하는 미래에 대한 소망을 바라봅니다. 예수님의 이름으로 기도드립니다. 아멘.

19일
나누는 삶을
살게 하소서

사랑의 힘은
두려움도 물리치고
고난도 뛰어넘습니다.

먼저 말씀을 묵상하십시오.

그는 경건한 사람으로 온 가족과 더불어 하나님을 두려워하며, 유대 백성에게 자선을 많이 베풀며, 늘 하나님께 기도하는 사람이다. 사도행전 10:2

오히려 그는 손님을 잘 대접하며, 선행을 좋아하며, 신중하며, 의로우며, 경건하며, 자제력이 있으며, 신실한 말씀의 가르침을 굳게 지켜야 합니다. 디도서 1:8

가난한 사람에게 은혜를 베푸는 것은 주께 꾸어드리는 것이니, 주께서 그 선행을 넉넉하게 갚아 주신다. 잠언 19:17

 다음 페이지의 기도문을 읽으면서 마음을 다해 기도하십시오.

하나님! 제 주변에는 안타까운 삶을 살아가는 사람들이 많이 있습니다. 그들을 돌아볼 수 있는 넓은 마음을 저에게 심어 주십시오.

마음의 위로가 필요한 분들에게는 다가서서 한 마디의 따뜻한 말로 돕게 하시고, 제 손의 도움이 필요한 분들에게는 시간을 내어 손을 빌려드리고, 기도가 필요한 분들에게는 기도로 하나님의 도우심을 구하게 하시고, 물질이 필요한 분들에게는 작은 정성이나마 도움이 될 수 있는 여유로운 마음가짐을 허락하여 주십시오. 저만 생각하는 이기적인 마음은 버리고 지금부터 주변을 더 꼼꼼히 살피는 습관을 갖도록 인도해 주시기를 간구드립니다.

남에게 베풀기를 좋아하는 사람이 부유해지고, 남에게 마실 물을 주면, 자신도 갈증을 면한다. 잠언 11:25

구제하는 일에 이런 축복이 숨어있는 줄 몰랐습니다. 은밀히 보시는 하나님 앞에서 진심으로 남을 도울 줄 아는 사람이 되도록 인도해 주십시오. 또한 선행은 하나님을 경외하는 자에게 마땅한 삶이라고 하신 하나님의 말씀을 항상 기억하기를 원합니다. 사람에게 보이려고 하지 않게 하시고, 인색한 마음으로나 억지로 하지 않도록 도와주십시오.

예수님께서 이 세상에 계실 때에 고아와 과부를 돌아보시고, 가난한 자들과 죄인들과 함께 하셨던 것처럼 저도 예수님의 뒤를 따르는 사람이 되게 하여 주십시오.

낮은 자를 돌아보시고 위로하시는 예수님의 이름으로 기도드립니다. 아멘.

20일
좋은 만남을
예비해 주소서

남을 존중하는 사람이
존중을 받습니다.

먼저 말씀을 묵상하십시오.

그대가 우리와 더불어 누리는 믿음의 사귐이 효력을 내어서, 우리가 그리스도께 가까이 나아갈 때에 우리가 받게 되는 복이 무엇인지를 그대가 충분히 알게 되기를 바랍니다. 빌레몬서 1:6

우리가 보고 들은 바를 여러분에게도 선포합니다. 그것은 여러분으로 하여금 우리와 서로 사귐을 가지게 하려는 것입니다. 우리의 사귐은 아버지와 또 아버지의 아들 예수 그리스도와의 사귐입니다. 요한1서 1:3

그러나 하나님께서 빛 가운데 계신 것과 같이, 우리가 빛 가운데서 살면, 우리는 서로 사귐을 가지게 되고, 하나님의 아들 예수의 피가 우리를 모든 죄에서 깨끗하게 해주십니다. 요한1서 1:7

 다음 페이지의 기도문을 읽으면서 마음을 다해 기도하십시오.

하나님 아버지! 오늘은 어떤 만남이 저를 기다리고
있을까요?

저는 '만남'에 대하여 막연하게 생각해 왔습니다.
그저 좋은 사람을 만나기를 바라고, 나에게 이익을
주거나 기분을 좋게 해주는 사람을 만나기를 기대
해 왔습니다. 그러나 하나님을 만나고 나니 만남이
얼마나 소중한지를 새삼 깊이 생각해보게 됩니다.
이제부터 연결되는 만남은 저의 주인이신 하나님
을 통한 만남이 되기를 원합니다.

오늘은 OOO를 만나는데, 그 만남을 통해 서로에
게 기쁨이 되게 하여 주세요.

제가 가지 말아야 할 길은 하나님께서 미리 막아주
셔서 어떤 만남도 연결되지 않게 해주시고, 하나님
께서 보시기에 유익이 있는 길이라면 그 일에 연관
된 좋은 사람들을 만날 수 있도록 길을 열어 주시

기를 간구드립니다.

만남의 복을 누리기 위하여 저의 마음가짐도 달라져야 할 줄로 생각합니다. 만남의 핵심을 파악하지 못하고 내 중심으로만 판단하여 지혜롭지 못한 결론을 내리지 않도록 저의 생각을 지켜 주십시오.

제가 먼저 마음을 진실하게 열고 예수님의 마음으로 다가갈 수 있는 성품으로 변화시켜 주십시오.

만남의 복이 저의 자손대대 이어지도록 은혜 베풀어 주시기를 간절히 간구드립니다.

저의 생애게 가장 소중한 만남이 되시는 예수님의 이름으로 간구드립니다. 아멘.

좋은 습관, 나쁜 습관

좋은 습관은

자신과 남에게 유익을 주고

하나님께 칭찬을 받도록 만들지만

나쁜 습관은

인생을 낭비하게 하고

하나님과의 관계를 멀게 만듭니다.

잡초와 같은 나쁜 습관이 뿌리내리기 전에

매일 말씀에 비추어

바른 마음으로 생활하도록 노력하십시오.

● 하나님께 기도하고 싶은 말을 직접 적어보세요.

21일
형통한 삶을
살게 하소서

당신이 지내온 과거는
결코 우연이 아닙니다.
그 과정에는
지금의 당신이 있게 하기 위한
하나님의 섭리가 있었습니다.

먼저 말씀을 묵상하십시오.

그리고 너는 주 너의 하나님의 명령을 지키고, 모세의 율법에 기록된 대로, 주께서 지시하시는 길을 걷고, 주의 법률과 계명, 주의 율례와 증거의 말씀을 지켜라. 그리하면, 네가 무엇을 하든지, 어디를 가든지, 모든 일이 형통할 것이다. 열왕기상 2:3

네 성벽 안에 평화가 깃들기를, 네 궁궐 안에 평화가 깃들기를 빈다. 시편 122:7

사랑하는 이여, 나는 그대의 영혼이 평안함과 같이, 그대에게 모든 일이 잘 되고, 그대가 건강하기를 빕니다. 요한3서 1:2

 다음 페이지의 기도문을 읽으면서 마음을 다해 기도하십시오.

나의 소망이 되시는 하나님, 오늘은 주님 안에서 모든 일이 형통하기를 위하여 기도합니다.

저에게 날마다 먹을 것과 입을 것을 주시고, 지금까지 생명을 보존하여 주신 것 감사드립니다. 하나님께서는 사모하는 영혼에게 만족을 주시며 주린 영혼에게 좋은 것으로 채워주신다_{시편107:9} 는 말씀을 제가 잘 기억하기를 원합니다. 저의 모든 삶의 만족함은 오직 하나님때문이기를 원합니다.

하나님께서 주시는 복은 사람을 부하게 하고 근심을 겸하여 주지 아니한다_{잠언 10:22} 고 하셨으니 지금까지 저에게 찾아왔던 세상의 근심과 걱정은 털어버리게 하시고, 하나님께서 주시는 복을 바라보게 하여 주십시오.

매일 더 풍성한 양식으로 채우셔서 공중의 새도 먹

이시고 들의 백합화도 입히시는 하나님을 찬양하는 삶을 살기를 원합니다. 행여 먹을 것과 입을 것이 부족하여 염려하지 않도록 도와주세요.

다른 사람들에게 물질로 인하여 염려를 끼치지 않게 도와주시고, 오히려 도울 수 있는 풍성함을 허락하여 주십시오. 하나님 안에서 물질을 지혜롭게 사용하는 법도 깨닫도록 도와주셔서 사치와 낭비로 하나님께 죄송한 삶을 살지 않도록 인도해주십시오. 또한 주신 물질에 감사한 마음을 주셔서 물질 때문에 하나님을 멀리 하는 일 없도록 저를 다스려 주십시오.

어떤 일이든 순조롭게 풀리게 하셔서 하나님의 손길을 느끼며 살기를 간절히 간구드립니다.

예수님의 이름으로 기도드립니다. 아멘.

22일
항상 건강하게 하소서

생각이 맑으면 입으로 나오는 말도 맑아집니다.
매일 아침 하나님과 교통하므로 하루를 출발하십시오.
긍정적인 생각으로 사람들을 만나게 될 것이고,
당신의 입에서 선한 말이 이어질 것입니다.

먼저 말씀을 묵상하십시오.

우리의 연수가 칠십이요 강건하면 팔십이라도, 그 연수의 자랑은 수고와 슬픔뿐이요, 빠르게 지나가니, 마치 날아가는 것 같습니다. 시편 90:10

오직 주를 소망으로 삼는 사람은 새 힘을 얻으리니, 독수리가 날개를 치며 솟아오르듯 올라갈 것이요, 뛰어도 지치지 않으며, 걸어도 피곤하지 않을 것이다. 이사야 40:31

여러분의 몸은 성령의 전입니다. 여러분은 하나님으로부터 성령을 받아서 여러분 안에 모시고 있습니다. 여러분은 여러분이 스스로의 것이 아니라는 것을 알지 못합니까? 고린도전서 6:19

 다음 페이지의 기도문을 읽으면서 마음을 다해 기도하십시오.

나의 건강을 주관하시는 하나님, 저의 몸과 마음을 다하여 주님을 섬기는 사람이 되기를 원합니다.

육신의 건강을 유지하기 위하여 좋은 음식을 먹고 운동을 하는 것처럼 영적인 건강을 위해서도 부단한 노력할 수 있도록 인도해 주십시오.

하나님을 사랑하고 바라보며 살면 아무리 고단한 삶이라 할지라도 독수리가 날개 치며 올라가는 것 같이 피곤하지 않을 것이라는 이사야 40:31 하나님의 말씀이 저에게도 이루어지기를 소망합니다.

하나님 아버지, 이제부터는 영적인 건강을 지키기 위하여 노력하겠습니다.
그래서 육신적인 건강까지도 더 힘을 얻기를 원합니다. 이제 저의 몸은 저의 소유물이 아님을 고백합니다.

이 몸은 하나님의 전고린도전서 6:19 이라고 하신 말씀의 의미를 깊이 되새겨 제 몸의 순결과 건강을 지키기 위해 노력하겠습니다.

하나님은 저의 모든 것의 주인이시기 때문입니다.

하나님의 자녀들에게는 하나님의 성령이 임하신다고 하셨는데, 그 성령님께 나를 의탁하고, 하나님의 말씀으로 영적으로 건강할 때 진정한 육신의 건강도 얻을 수 있음을 항상 명심할 수 있도록 도와주시기를 간구드립니다.

예수님의 말씀으로 기도드립니다. 아멘.

23일
두려움 없는
평안함을 주소서

예수께서는 이 땅에 오신 목적을 이루시기 위해
부지런히 먼 길도 마다하지 않고 다니셨습니다.
그 결과 인류구원이라는
놀라운 성공의 열매를 거두었습니다.

먼저 말씀을 묵상하십시오.

나는 평화를 너희에게 남겨 준다. 나는 내 평화를 너희에게 준다. 내가 주는 평화는, 세상이 주는 평화와 같은 것이 아니다. 너희는 마음에 근심하지 말고, 두려워하지도 말아라. 요한복음 14:27

내가 너와 함께 있으니, 두려워하지 말아라. 내가 너의 하나님이니, 떨지 말아라. 내가 너를 강하게 하겠다. 내가 너를 도와주고, 내 승리의 오른팔로 너를 붙들어 주겠다. 이사야 41:10

형제자매 여러분, 기뻐하십시오. 온전하게 되기를 힘쓰십시오. 서로 격려하십시오. 같은 마음을 품으십시오. 화평하게 지내십시오. 그러면 사랑과 평화의 하나님이 여러분과 함께 계실 것입니다. 고린도후서 13:11

 다음 페이지의 기도문을 읽으면서 마음을 다해 기도하십시오.

온유하신 하나님 아버지!

제 스스로 세상을 헤쳐 나가야 했을 때는 두려움이 많았습니다. 넘어지지 않으려 몸부림치기도 했습니다. 그러나 이제는 하나님께서 제 손을 꼭 잡아 주셔서 두려움을 이겨낼 수 있도록 도와주십시오.

지금은 믿음으로 사는 것이 무엇인지 모든 게 쉽지 않게 느껴집니다.

잘해낼 수 있을까 하는 두려움도 제 안에 있습니다.

신앙생활도 사회생활도 저의 가정의 평화도 모두 하나님께 맡겨 드립니다.

무엇이든 하나님께 맡기고 저는 뒤만 따르렵니다.

그래서 주님 안에서 참 평안을 맛보기를 원합니다.

눈앞의 갈등보다는 하나님께서 베푸실 은혜를 사모하겠습니다.

일이 잘 풀리지 않을 때도 때에 따라 가장 좋은 것

으로 주시는 하나님을 바라보겠습니다.

하나님께서는 "너는 두려워하거나 낙담하지 말아라. 네가 어디로 가든지, 너의 주, 나 하나님이 함께 있겠다."(여호수아 1:9)고 하셨습니다. 저는 이 말씀이 저에게 하신 말씀으로 알고 마음에 새기며 살겠습니다.

하나님께서는 너희의 머리카락까지도 다 세고 계신다. 두려워하지 말아라. 너희는 많은 참새보다 더 귀하다. 누가복음 12:7

저를 귀히 여겨 주시는 예수님의 이름으로 기도드립니다. 아멘.

24일
어려운 일 당하지 않도록
보호하소서

하나님은 변하지 않고
지속적인 사랑을 하십니다.
한번 마음을 주면
절대로 바뀌는 법이 없으신 분이십니다.

먼저 말씀을 묵상하십시오.

주님은, 당신을 사랑하는 사람은 누구나 지켜 주시며, 악한 사람은 누구든지 다 멸하신다. 시편 145:20

베냐민 지파를 두고서, 그는 이렇게 말하였다. "주께서 사랑하시는 베냐민은 주의 곁에서 안전하게 산다. 주께서 베냐민을 온종일 지켜 주신다. 베냐민은 주의 등에 업혀서 산다." 신명기 33:12

오직 내 말을 듣는 사람은 안심하며 살겠고, 재앙을 두려워하지 않고 평안히 살 것이다. 잠언 1:33

 다음 페이지의 기도문을 읽으면서 마음을 다해 기도하십시오.

주의 안전한 날개 아래 보호하시는 하나님!
사람을 두려워하면 올무에 걸리지만, 주님을 의지
하면 안전하다^{잠언 29:25} 고 말씀하신 하나님의 뜻을
잘 깨닫기를 원합니다.

저는 하나님을 보지 못하고 사람을 두려워하며 살
아왔습니다. 올무에 걸려 넘어질 때도 있었지만,
그때는 운이 좋지 않아서라고만 생각하였습니다.
모든 것이 하나님의 손 아래 운행되고 있다는 것을
생각하지 못하였습니다.

하나님, 이제는 하나님의 인도만을 받고 싶습니다.
어리석게 제 마음대로 인생을 결정하지 않게 도와
주시고, 안전하게 지켜주시시는 하나님을 의지하
게 하여 주세요.
강한 자가 무장을 하고 자기 집을 지킬 때는 그 소

유가 안전하다^{누가복음 11:21} 고 하셨으므로 가장 강한 자가 되시는 하나님께서 지켜주시기를 기도드립니다.

나의 아버지 되신 전능하신 하나님께서 나의 방패와 힘과 보호자가 되어 주실 줄 믿고 어디를 가든 무엇을 하든 당당하고 힘차게 살아가기를 원합니다.

하나님 말씀을 잘 듣는 자는 재앙이 없이 평안한 삶을 살 수 있다^{잠언 1:33} 고 하셨는데, 제가 하나님 말씀에 온전히 순종할 수 있도록 인도해 주세요.

만약 어려운 일이 닥치면, 제가 하나님께 순종하지 못한 것이 무엇인지 깨닫게 하시고, 하나님의 뜻대로 행동하고 결정하는 사람이 되기를 원합니다.

예수님의 이름으로 기도드립니다. 아멘

25일
매사에 복을 내리소서

믿음으로 꿈을 꾸고, 믿음으로 상상의 나래를 펴십시오.
수많은 믿음의 선조들이 아직 눈으로 보지는 못했지만,
오실 메시아를 바라고 기다렸던 것처럼
당신의 믿음 안에서의 소망도 머지않아 이루어질 것입니다.

먼저 말씀을 묵상하십시오.

하나님께서는 아브라함에게 약속하실 때에, 당신보다 더 큰 분이 계시지 않으므로, 당신 스스로를 두고서 맹세하여 말씀하시기를 "내가 반드시 너에게 복을 주고, 너를 번성하게 하겠다" 하셨습니다. 히브리서 6:14

주께서 또 밭이랑에 물을 넉넉히 대시고, 이랑 끝을 마무르시며, 밭을 단비로 적시며, 움 돋는 새싹에 복을 내려 주십니다. 주께서 큰 복을 내리시어, 한 해를 이렇듯 영광스럽게 꾸미시니, 주께서 지나시는 자취마다, 기름이 뚝뚝 떨어집니다.

시편 65:10,11

너의 자손이 하늘의 별처럼 많아지게 하고, 그들에게 이 땅을 다 주겠다. 이 세상 모든 민족이 네 씨의 덕을 입어서, 복을 받게 하겠다. 창세기 26:4

 다음 페이지의 기도문을 읽으면서 마음을 다해 기도하십시오.

사랑의 하나님,

지금 저의 모든 상황을 아시는 하나님께 넘치는 복으로 채워주시기를 간구드립니다.

제가 지금 하고 있는 일을 축복해주십시오.

(　　　)에서 (　　　)일을 하고 있는데, 그 일이 저에게 기쁨이 되고, 하나님께 영광이 되며, 날이 갈수록 더욱 대성할 수 있도록 인도해 주세요.

제 OOO(남편, 아내, 부모, 자녀)은 (　　　)일을 하고 있는데, 일하는 곳이 성장하게 하시며, 맡은 일에 능력을 잘 발휘할 수 있도록 큰 복을 주세요.

너희는 들어와도 복을 받고, 나가도 복을 받을 것이다 신명기 28:6 고 하신 하나님의 말씀이 저의 삶에 나타날 것을 믿습니다.

제가 하나님 앞에 부끄럼 없이 최선을 다하여 주어

진 삶을 살게 하시고, 결과는 하나님께 맡기고 가장 좋은 것을 주실 것이라는 믿음을 가지고 살기를 원합니다.

주님께서 밭고랑에 물을 넉넉히 대주시고, 단비와 햇빛으로 비춰 주시며 그 싹에 복을 주신다^{시편 65:10} 고 하셨는데 저의 삶에도 이와 같은 넉넉한 은혜를 베푸시기를 간구드립니다.
이제는 모든 것을 베푸시는 하나님만 바라보겠습니다.

나를 사랑하셔서 구원하신 예수님의 이름으로 기도드립니다. 아멘.

가장 좋은 친구

당신의 인생에 가장 좋은 친구는 주님이십니다.

날마다 주님께 도움을 요청하여

세상이 줄 수 없는 지혜를 소유하십시오.

또한 하나님께서 주신 지혜와 축복을

모두 나의 것으로 취하지 않고

하나님께 돌려드리기로 작정하는 사람을

하나님은 기억하십니다.

● 하나님께 기도하고 싶은 말을 직접 적어보세요.

26일
우리 목사님과 교회를
축복하소서

행복은 조건이 무엇이라고 생각하나요?
가진 것의 많고 적음이 아니라
누구와 함께 있느냐에 따라 행불행이 좌우됩니다.
당신은 이 세상에서 가장 행복한 사람입니다.
하나님의 사랑을 듬뿍 받고 있으니까요.

먼저 말씀을 묵상하십시오.

주 하나님, 주께서 기름 부어 세우신 사람을 내쫓지 마시고, 주의 종 다윗에게 베푸신 은총을 기억하여 주십시오. 역대하 6:42

주의 종에게 주의 밝은 얼굴을 보여 주시고, 주의 율례를 내게 가르쳐 주십시오. 시편 119:135

교회는 그리스도의 몸이요, 만물 안에서 만물을 충만케 하시는 분의 충만함입니다. 에베소서 1:23

 다음 페이지의 기도문을 읽으면서 마음을 다해 기도하십시오.

사랑의 하나님!

저는 목사님을 통해 주시는 하나님의 말씀인 영의 양식을 먹고 자라나는 하나님의 어린양입니다. 그래서 목사님을 위해 기도드립니다.

저희 목사님의 건강을 지켜 주셔서 우리를 잘 이끄실 수 있도록 보호해 주십시오.

교회를 이끌어 가시는 데 필요한 지혜를 공급해 주시고, 능력 있는 목사님이 되시도록 축복해 주시기를 기도드립니다.

성도들은 목사님의 말씀을 잘 따르고, 목사님은 성도들의 마음을 잘 보듬으셔서 우리 교회가 사랑과 은혜가 풍성한 교회가 되도록 인도해 주십시오.

교회에 있는 여러 부서들을 축복해 주세요.

장년부, 청년부, 학생부, 어린이부 등 여러 층의 모

든 분들에게 하나님의 감사가 넘치게 하시고, 주변의 믿지 않는 분들이 우리 교회에 등록하셔서 함께 신앙생활 할 수 있도록 도와주세요. 그래서 교회가 날마다 성장하며 부흥하는 교회가 되기를 원합니다.

서로의 어려움을 돌아보아 날마다 기도로 마음으로 함께 하는 교회가 되게 하여 주십시오.

우리는 예수님 안에서 한 몸이니 한 마음 한 뜻으로 서로를 자신처럼 생각하는 교회 성도들이 되게 하여 주십시오.

우리를 위하여 자기 목숨을 내어 놓으신 예수님처럼 살아가는 아름다운 우리 교회 되게 하여 주십시오.

예수님의 이름으로 기도드립니다.

아멘.

27일
믿음의 길로 이끌어준 분을
축복하소서

사랑에 빠지면 함께 하는 모든 것이
행복한 순간이 됩니다.
하나님을 사랑하면 예배를 드릴 때,
찬양을 할 때, 말씀을 읽을 때,
기도할 때 가장 행복한 순간이 될 것입니다.

먼저 말씀을 묵상하십시오.

여러분의 지도자들을 기억하십시오. 그들은 여러분에게 하나님의 말씀을 일러주었습니다. 그들이 어떻게 살고 죽었는지를 살펴보고, 그 믿음을 본받으십시오. 히브리서 13:7

또한 여러분은 많은 환난 가운데서도, 성령이 주는 기쁨으로 말씀을 받아들여서, 우리와 주님을 본받는 사람이 되었습니다. 데살로니가전서 1:6

인내심과 위로를 주시는 하나님께서, 여러분이 그리스도 예수를 본받아 같은 생각을 품게 하시고, 한 마음 한 입으로, 하나님 곧 우리 주 예수 그리스도의 아버지께 영광을 돌리게 해주시기를 빕니다. 로마서 15:5

 다음 페이지의 기도문을 읽으면서 마음을 다해 기도하십시오.

하나님 아버지, 저를 창세전부터 택하셨다고 하셨지만, 저는 그 사실을 알지 못한 채 지내왔습니다.
교회에 다니는 사람들을 보면 그들의 의지로 하나님을 선택하여 다니고 있다고 생각하였습니다.
제가 그렇게 하나님의 선택 받은 아들(딸)이라는 사실을 알게 되기까지 저를 위해 기도해주고, 권유해 주셨던 분(들)을 생각하며 이제는 제가 그분(들)을 위해 기도해 드리고 싶습니다.

저를 위해 기도하고 예수님을 믿도록 전도해 주었던 OOO를 축복해 주십시오.
OOO의 하는 일이 순조롭게 하시고, OOO의 가정에 평안의 복을 허락하시며, 그분과 그의 가족 모두가 건강하도록 은혜 베풀어 주십시오.
어려운 일 당하지 않도록 항상 보호해 주시고, 시험에 들지 않도록 인도하시며, 마음의 소원이 성취

되게 하여 주십시오.

그분이 저에게 보였던 믿음의 본을 저도 따르기를 원합니다.

믿지 않는 자들을 위해 기도하고, 전도하며, 좋은 행실로 모범을 보이는 사람이 되고 싶습니다.

○○○이 저를 주님께로 인도하였던 것처럼, 저 또한 다른 사람을 주님께로 인도하는 믿음의 사람이 되도록 이끌어 주십시오.

예수님의 이름으로 기도드립니다. 아멘.

28일
우리 가족을 축복하소서

우리가 태어난 고향에서는 마음의 쉼을 얻을 수 있습니다.
마음의 고향에서 우리는 삶의 지혜와 꿈을 발견합니다.
하나님과 함께 하는 영혼의 고향에서는
영원한 행복과 안식을 얻을 수 있습니다.

먼저 말씀을 묵상하십시오.

온 백성이 각각 자기의 집으로 돌아갔고, 다윗도 자기의 집안 식구들에게 복을 빌어 주려고 왕궁으로 돌아갔다. 역대상 16:43

너희는 주 너희의 하나님이 계시는 그 앞에서 먹어라. 그리고 주 너희의 하나님이 너희가 수고한 일에 복을 베푸신 것을 생각하면서, 가족과 함께 즐거워하여라. 신명기 12:7

하나님을 사랑한다고 하면서, 자기의 형제자매를 미워하면, 그는 거짓말쟁이입니다. 보이는 자기의 형제나 자매를 사랑하지 않는 사람은, 보이지 않는 하나님을 사랑할 수 없습니다. 요한1서 4:20

 다음 페이지의 기도문을 읽으면서 마음을 다해 기도하십시오.

사랑의 하나님,

저는 하나님의 아들(딸)이 될 자격도 갖추지 못하였
는데, 저를 사랑하시고 찾아오셔서 하나님을 아바
아버지라 부를 수 있게 해주셔서 감사를 드립니다.

하나님께서 저를 값없이 사랑하여 주시고 자녀 삼
아 주신 것을 잊지 않고, 제가 가족을 더 사랑할 수
있도록 도와주세요. 가족 한 사람 한 사람의 마음
을 잘 읽어서 진정한 동반자가 되기를 원합니다.

저희 가족이 하나님 안에서 더욱 화목하여 서로 신
뢰로 하나되게 하시며, 어디를 가나 축복의 통로가
되게 인도해 주세요.

원하는 일과 건강과 만남과 꿈이 성취되어서 하나
님께 영광을 돌리는 가족이 되게 하여 주시기를 간
구드립니다.

육친의 사랑으로 서로 다정하게 대하며, 존경하기

를 서로 먼저 하십시오. 로마서 12:10

이 말씀에 순종하여 서로를 존중하므로 하나님께서 기뻐하시는 가족이 되도록 도와주세요.

○○○(이)가 항상 건강하도록 축복해 주세요.
○○○(이)가 공부를 잘 할 수 있도록 지혜를 주세요.
○○○(이)가 맡은 일에 능력을 발휘할 수 있도록 인도해 주세요.
○○○(이)가 어디 가나 형통함의 축복을 누리게 인도해 주세요.

하나님께서 예비해 놓으신 가장 좋은 길을 갈 수 있는 저희 온 가족이 되도록 도와주시기를 예수님의 이름으로 기도드립니다. 아멘

29일
이웃을 축복하소서

하나님께서 잠시 내 곁을 떠나신 것 같은 느낌이 들 때가 있습니다.
그러나 그때도 하나님은 당신을 지켜보고 계시며,
당신과 이전보다 더 가까워질 시간을 기다리십니다.

먼저 말씀을 묵상하십시오.

한 백성끼리 앙심을 품거나 원수 갚는 일이 없도록 하여라. 다만 너는 너의 이웃을 네 몸처럼 사랑하여라. 레위기 19:18

여러분이 성경을 따라 "네 이웃을 네 몸같이 사랑하여라" 한 으뜸가는 법을 지키면, 그것은 잘 하는 일입니다. 야고보서 2:8

또 마음을 다하고 지혜를 다하고 힘을 다하여 하나님을 사랑하는 것과, 이웃을 자기 몸 같이 사랑하는 것이, 모든 번제와 희생제보다 더 낫습니다. 마가복음 12:33

 다음 페이지의 기도문을 읽으면서 마음을 다해 기도하십시오.

하나님 아버지,

이 세상의 어떤 사랑과도 비교할 수 없는 큰 사랑을 베풀어 주시는 하나님께 감사를 드립니다.

'네 이웃을 네 몸같이 사랑하여라.' 이 계명들보다 더 중요한 계명은 없다. 마가복음 12:31

주님은 이웃을 자신처럼 사랑하는 것이 가장 중요한 계명이라고 하셨습니다. 제가 이 말씀을 지킬 수 있도록 도와주십시오. 그리고 이웃을 항상 축복하기를 원합니다.

나를 사랑하고 아끼는 OOO, OOO, OOO에게 항상 하나님의 복이 넘치도록 인도해 주십시오.

OOO, OOO, OOO는 비록 나에게 손해를 주고 마음에 상처를 주었지만 주님께서 은혜를 내려 주시고, 그분들의 앞날에 어려운 일이 없도록 보호해 주십시오.

지금 이 순간 생각나는 사람이 있습니다.

OOO, OOO, OOO에게 하나님께서 주시는 풍성한 복을 내려주셔서 어디를 가나 무슨 일을 하나 몇 배의 결실을 맺을 수 있도록 인도해 주세요.

저의 가족들과 함께하는 직장동료와 이웃들에게도 주님의 축복이 함께 하시기를 간구드립니다.

너희를 저주하는 사람을 축복하고, 너희를 모욕하는 사람을 위하여 기도하여라. 누가복음 6:28

항상 주님의 사랑의 마음이 제 중심에서부터 우러나오도록 도와 주시고, 모든 사람을 긍휼히 여기는 마음을 주시며, 이웃의 일을 돌아보는 사람이 되게 하여 주세요. 예수님의 이름으로 기도드립니다. 아멘.

30일
우리나라를 축복하소서

아침에 차 한 잔과 함께
주님의 말씀을 음미해보세요.
가장 맑은 정신으로
하루를 시작할 수 있을 것입니다.

먼저 말씀을 묵상하십시오.

하나님은 민족들을 강하게도 하시고, 망하게도 하시고, 뻗어 나
게도 하시고, 흩어 버리기도 하신다. 욥기 12:23

하나님, 민족들이 주님을 찬송하게 하시며, 모든 민족이 주님을
찬송하게 하십시오. 시편 67:5

주께서 온 백성을 공의로 심판하시며, 세상의 온 나라를 인도하
시니, 온 나라가 기뻐하며, 큰소리로 외치면서 노래합니다.

시편 67:4

 다음 페이지의 기도문을 읽으면서 마음을 다해 기도하십시오.

하나님, 아브라함은 하나님께 순종하여 그 나라와 자손까지 큰 복을 받았습니다. 한 사람이 하나님께 돌아오고 순종하며 사는 것이 얼마나 소중한 일인지 생각해 봅니다.

이 시간 우리나라와 국민을 위해 기도드립니다.
우리나라 대한민국이 항상 평안하도록 보호해주십시오.
모든 국민이 한마음이 되게 하시고, 나라를 이끌어가는 위정자들에게 지혜를 주십시오.
어느 나라보다 뛰어난 국가가 되게 하시고, 온 국민이 성실하게 맡은 바 직무를 잘 감당하게 하여 주십시오.
외국에서 거주 중인 우리나라 사람들이 큰 힘을 발휘하도록 도우시며, 어느 민족보다 강하고 명철하여 다른 민족이 우러러보는 민족이 되게 하여 주십시오.

나라 안에 안고 있는 문제들이 해결되도록 도우시며, 모든 사람들이 개인주의보다는 먼저 나라를 생각하는 사람들이 되게 하여 주십시오.

그래서 더욱 발전하고 부강한 나라가 되도록 인도하여 주십시오.

무엇보다 하나님을 두려워하여 깨끗한 마음으로 살아가게 하시고, 하나님의 축복이 넘치는 나라가 되게 하여 주십시오.

하나님께 순종하는 나라와 국민이 되어 자손만대까지 복이 이어지게 하여 주시기를 간구드립니다.

예수님의 이름으로 기도드립니다. 아멘.

하나님과 함께

아무리 원대한 꿈을 품었더라도

행하지 않는 자에게 새로운 내일이란 없습니다.

꿈을 주신 분도 하나님이시니

행할 용기와 지혜도 주실 것입니다.

날마다 하나님과 함께 꿈의 계단을 밟아

목적지에 도달하시기 바랍니다.

하나님은 우리를 가장 정확하게 아십니다.

그 사실을 인지할 때 자존감도 높아지며

스스로를 발전시키는 데에 큰 도움이 됩니다.

● 하나님께 기도하고 싶은 말을 직접 적어보세요.

구원의 확신 그리고 기쁨

조지 커팅 지음

구원받았느냐는 질문에 망설이는 크리스천들이라면
누구나 읽어야 할 책. 또 초신자들은 반드시 읽어야 할
필독서다.
이 책을 통해 당신은 구원이란 무엇이며
구원에 대한 확신은 어디에서 오는 것인지
정확하게 파악할 수 있다.

인생을 바꿔주는 것

하순회 교수 지음

의미없는 인생에서 가치있는 인생으로-
부끄러운 인생에서 아름다운 인생으로-
바꿔주는 분이 가까이에 계십니다!

구원을 열망하라

오스왈드 스미스 지음

구원에 관한 모든 궁금증을 시원하게 밝혀드립니다!
영생을 향한 열정이 회복됩니다!
천국의 소망이 구체적으로 다가옵니다!

관중을 압도하는 강력한 메시지로 전 세계의 부흥
을 주도한 오스왈드 스미스의 대표작!

예수님 마음 품게 하소서

한국독립교회 및 선교단체 협회장 / 송용필 목사 지음

공관복음서에서 예수님 마음 찾아 품기
큐티/가정예배/성경공부/새벽기도와 설교용

- 공관복음에서 180개 주제 540개 교훈제시!
- 예수님 마음과 가치관 품고, 성경적 생활 방법 안내!
- 예화 / 배경설명 /교훈 / 생활적용 / 기도… 순서로 된 책!

예수님 성품 닮게 하소서

한국독립교회 및 선교단체 협회장 / 송용필 목사 지음

사도행전, 서신서에서 예수님 성품 배우기
큐티/가정예배/성경공부/새벽기도와 설교용

사도행전, 로마서, 고린도서, 갈라디아서, 에베소서,
빌립보서, 골로새서, 데살로니가서에서 180개 주제
각 3가지 교훈을 통해 예수님의 성품을 찾고 배워
예수님 닮은 생활을 하도록 한 책!

예수님 능력 갖게 하소서

한국독립교회 및 선교단체 협회장 / 송용필 목사 지음

서신서,요한복음,계시록에서 예수님 능력 배우기

디모데서, 디도서, 빌레몬서, 히브리서, 야고보서,
베드로서, 요한복음과 1,2,3서, 요한계시록에서
180개 주제 각 3가지 교훈을 통해
예수님의 능력을 찾고 배워
예수님 닮은 생활을 하도록 한 책!

새신자
무릎기도문

엮은이 | 편집부
발행인 | 김용호
발행처 | 나침반출판사

13판 발행 | 2026년 4월 1일

등 록 | 1980년 3월 18일 / 제 2-32호
주 소 | 157-861 서울 강서구 염창동 240-21
　　　　블루나인 비즈니스센터 B동 1607호
전 화 | 본　사(02)2279-6321
　　　　영업부(031)932-3205
팩 스 | 본　사(02)2275-6003
　　　　영업부(031)932-3207

홈페이지 | www.nabook.net
이 메 일 | nabook@korea.com
　　　　　nabook@nabook.net

ISBN　978-89-318-1403-3
책번호　바-1025

값은 뒷표지에 있습니다.